Tu familia:
la historia de un niño nacido por donante.

Escrito por Wendy Kramer.
Ilustrado por Jen Moore.

Traducción al español por Estela Chardon.

Tu familia: la historia de un niño nacido por donante.
Copyright © 2018 el Donor Sibling Registry
y Wendy Kramer
Autopublicado

TODOS LOS DERECHOS RESERVADOS. No se puede reproducir ninguna parte de este libro, ni transmitirla en cualquier forma o por cualquier medio, electrónico o mecánico, incluyendo fotocopias, grabaciones o por un dispositivo de almacenamiento de información y recuperación

Introducción

Solo hay dos legados duraderos que podemos esperar darle a nuestros niños. Uno son las raíces: el otro, alas.

HODDING CARTER.

En 2000 mi hijo Ryan, concebido por donante que en ese entonces tenía 10 años y yo, decidimos dar inicio al Registro de Hermanos por Donante (Donor Sibling Registry -DSR). DSR nació de su curiosidad sobre los posibles medio-hermanos y sobre su propio donante, un hombre sólo conocido por nosotros como donante 1058. Desde el principio, la misión de DSR ha sido conectar, educar y apoyar a las familias formadas por donante, sobre todo a quienes fueron concebidos, los niños.

18 años después, con 60,000 miembros en 105 países, y con muchas investigaciones científicas y artículos publicados, hemos llegado a comprender mucho sobre todos los integrantes de la familia formada por donantes. Con casi 20,000 personas conectadas por DSR, hemos escuchado a miles de ellos expresar las profundas e importantes conexiones familiares que ocurren todos los días. Sabemos que es importante que los hijos nacidos por donante sean informados sobre sus orígenes desde el principio -pero contar es sólo el primer paso. Los niños concebidos por donante también deben sentirse comprendidos acerca de su propia curiosidad y ganas de conectarse con las personas relacionadas genéticamente en primer y segundo grado, y su deseo de saber más sobre su ascendencia. Citando a Bruce Springsteen "No se puede saber realmente quién eres y hacia dónde vas, a menos que sepas dónde vienes."

A través de los años, me han pedido muchas veces que recomiende un libro infantil acerca de haber sido concebido por donación, sobre la curiosidad por los medio-hermanos y los donantes, y cómo poder entrar en contacto con ellos. ¡Aquí está! Yo intenté en este libro ser sensible con todos los miembros de la familia formada por donación. Porque la terminología es un aspecto delicado, uso varios términos para describir a los medio-hermanos (hermanos por donante) y padres biológicos (donantes). Yo creo que los padres deben tratar de ser lo más precisos posible con la terminología, sabiendo que la mayoría los niños, en algún momento, querrán probar todos los términos. Es probable que la terminología vaya cambiando con los años, con la madurez y la capacidad de definir estas relaciones por sí mismos. Yo animo a todos los padres a pensar profunda y críticamente sobre la terminología para que todos los niños por donante se sientan apoyados y libres de usar cualquiera y todas las palabras que necesiten a medida que crecen. Considerando que hay un número infinito de combinaciones de tipos de familia, de padres, de donantes, de hermanos y niños, mostramos muchos tipos de niños y de familias en el libro. Después de leer cada página, los padres pueden zambullirse en conversaciones con sus hijos sobre la forma en que su propia familia es única y especial.

Los niños pueden atravesar muchas fases y niveles de curiosidad. Algunos pueden ser ligeramente curiosos, otros no, y algunos tienen un deseo ardiente de conocer a sus parientes genéticos de primer y segundo grado. Los padres deben estar listos para apoyar y honrar cualquier curiosidad que su hijo pueda tener a medida que madura.

Mi esperanza es que este libro sea una gran herramienta para empezar conversaciones entre padres e hijos pequeños con el objetivo, como siempre, de crear familias por donación, felices y sanas.

Wendy Kramer

Menciones para el libro
Tu familia: la historia de un niño nacido por donante

"Tu familia: la historia de un niño nacido por donante es un libro maravilloso que afirma la experiencia de niños que han sido concebidos por donantes. Es importante que las familias tengan un libro como este para leerles a sus hijos, para que sus hijos puedan entender quiénes son y dónde vinieron. ¡El libro de Wendy Kramer ha sido esperado por mucho tiempo!"

- Jacqueline Mroz, autora de *Semillas dispersas. En búsqueda de la familia y la identidad en la generación de nacidos por donantes de esperma*

"Como psicoterapeuta, trabajo con muchos padres LGBT de niños concebidos por donantes que luchan para encontrar el lenguaje adecuado para hablar con sus hijos sobre la circunstancia de su concepción. Los padres ambién suelen temer que informarles sobre sus donantes y posibles hermanos por donantes pueda molestarlos o confundirlos. Finalmente, tengo un libro para recomendarles! *Tu familia: la historia de un niño nacido por donante* es la combinación perfecta de honestidad, calidez y esperanza. Tengo un montón de copias en mi oficina."

- Liz Margolies, LCSW, Psicoterapeuta y madre de un hijo concebido por donación

Tu familia: la historia de un niño nacido por donante da a los niños nacidos de ovocitos o esperma donados la oportunidad de verse reflejados en una historia de manera positiva, informativa y accesible. Lo más importante, este libro ayudará, a las familias que han utilizado técnicas de reproducción asistida, a explicar conceptos complejos a sus hijos y al mismo tiempo les da información vital sobre ellos mismos y cómo fueron concebidos. Aquí hay un libro que es fácil de relatar y que les permitirá a los niños sentirse orgullosos de su historia especial."

- Susan Frankel, MFT, terapeuta licenciada en familias y parejas, madre de una hija nacida por donación

"Como orgullosa abuela de un niño nacido por donante, ¡estoy muy contenta de ver este maravilloso libro! Creo que ayudará a los niños concebidos por donación a comprender cuán especiales y queridos son. *Tu familia: la historia de un niño nacido por donante* permite a los padres facilitar la información que el niño necesita para tener una vida completa y comprender cuán diferentes pueden ser las familias."

- Jacki K, abuela

"Gracias a Wendy y Ryan por toda su dedicación y su doro trabajo al traer más apertura, aceptación y conexión sobre las personas y familias concebidas por donación. Como una persona concebida por donante, tenía una gran necesidad de conocer mis raíces y mi familia biológica. Yo me habría beneficiado enormemente si hubiese podido hablar sobre ser una persona concebida por donante desde a una edad temprana. Gracias por este maravilloso libro para ayudar a los padres a hablar sobre este aspecto de la vida de sus hijos. Los niños necesitan saber que sus padres aceptan y se sienten cómodos con quienes son ellos, y que pueden hablar sobre su vida, sin importar cómo fueron concebidos. "

- Lynne W. Spencer, RN, MA, autor de *Nacidos por donación de esperma: Identidad y otras experiencias*

"¡Guau! Ojalá hubiera tenido este libro cuando era pequeño. Habría explicado todo. Debería darse a cada niño concebido por donante."

- B. Richard, estudiante concebido por donación

"Una forma creativa y cómoda para hablar con nuestros hijos concebidos por donantes sobre sus orígenes."

- Ann Dixon, Co-fundadora, Serendip Studio

"Este libro, fácil de leer y atractivamente ilustrado, debe ser distribuido a los donantes, a los niños concebidos y a sus padres como una práctica estándar. Explica a los niños lo que significa ser concebido por un donante, ayuda a sus padres a abordar un tema a menudo incómodo, y ayudará a eliminar cualquier estigma que rodee los orígenes de los niños. Un pequeño libro podría haber hecho una gran diferencia en mi vida mientras crecía."

- Albert Frantz, adulto nacido por donación

"Un libro genial. Estoy bastante seguro de que es el primer libro que leo sobre los hermanos por donante. Es bueno que alguien esté escribiendo sobre los niños con hermanos por donante, porque muchos de nosotros los tenemos. Los niños sin hermanos por donante deberían también leer este libro, porque me canso de tener que explicar a la gente cómo se formó mi familia. Mi parte favorita del libro fue cuando tuve que escribir las preguntas para mi donante. Eso fue genial. Espero que mucha gente lea este libro."

- Gabrielle Capasso, 11 años

"Aunque desearía que este libro hubiera estado disponible cuando mi hija era pequeña y yo lo necesitaba desesperadamente, estoy emocionada de saber que los padres de niños nacidos por donantes ahora tienen un libro que describe a su familia. Yo creo que ***Tu familia: la historia de un niño nacido por donante***, será una herramienta invaluable - que proporciona de una forma inclusiva y apropiada para la edad - la posibilidad de celebrar la historia de cada niño y describe lo que hace que su familia sea tan especial. Gracias por crear esta hermosa historia, que se necesitaba desde hace mucho tiempo. ¡Recomiendo altamente este libro!"

- Meredyth Capasso, mamá de Gabi de 11 años

"Después de haber trabajado con Wendy Kramer durante muchos años, reconozco que su organización DSR es valiosa para la comunidad de padres LGTB. Hemos publicado historias de familias que hablan de cómo DSR ha traído alegría, no solo a los medios hermanos que se encuentran, pero también a sus padres homosexuales. El libro infantil de Kramer ***Tu familia: la historia de un niño nacido por donante*** es una importante contribución a la comunidad LGTB y a los hogares de todos los padres con niños concebidos por donación."

- Angeline Acain, editora de la Revista Padres Gay

"¡Qué hermosa manera de ayudar a los niños concebidos por donantes a dar sentido a sus historias! El nuevo libro de Wendy Kramer ve el amor en las familias de todo tipo y respeta la curiosidad de los niños sobre sus conexiones genéticas. Este libro ayudará a los niños a reconocerse a sí mismos--reconoce que sus familias son reales y que crezcan sabiendo sobre su origen. Yo desearía haber tenido este libro cuando era joven..."

- Sara Lamm, directora de documentales y nacida por donación

"Como psicóloga, escuché de padres frustrados con la falta de libros sobre los sentimientos y preguntas las de los niños concebidos por donación, con un enfoque centrado en los niños. El libro de Wendy alienta a las familias a conversar sobre la oportunidad especial de establecer relaciones entre donantes y medio hermanos. Estoy esperando a usar su libro tanto profesional como personalmente."

- Debbie Ramirez, Ph.D. y madre de dos hijos nacidos por ovodonación

Dedicado a Ryan Kramer

Y a todos los niños que fueron concebidos por el amor.

Tú has nacido como todo otro niño en el mundo, de una pequeña célula llamada espermatozoide y una pequeña célula llamada óvulo.

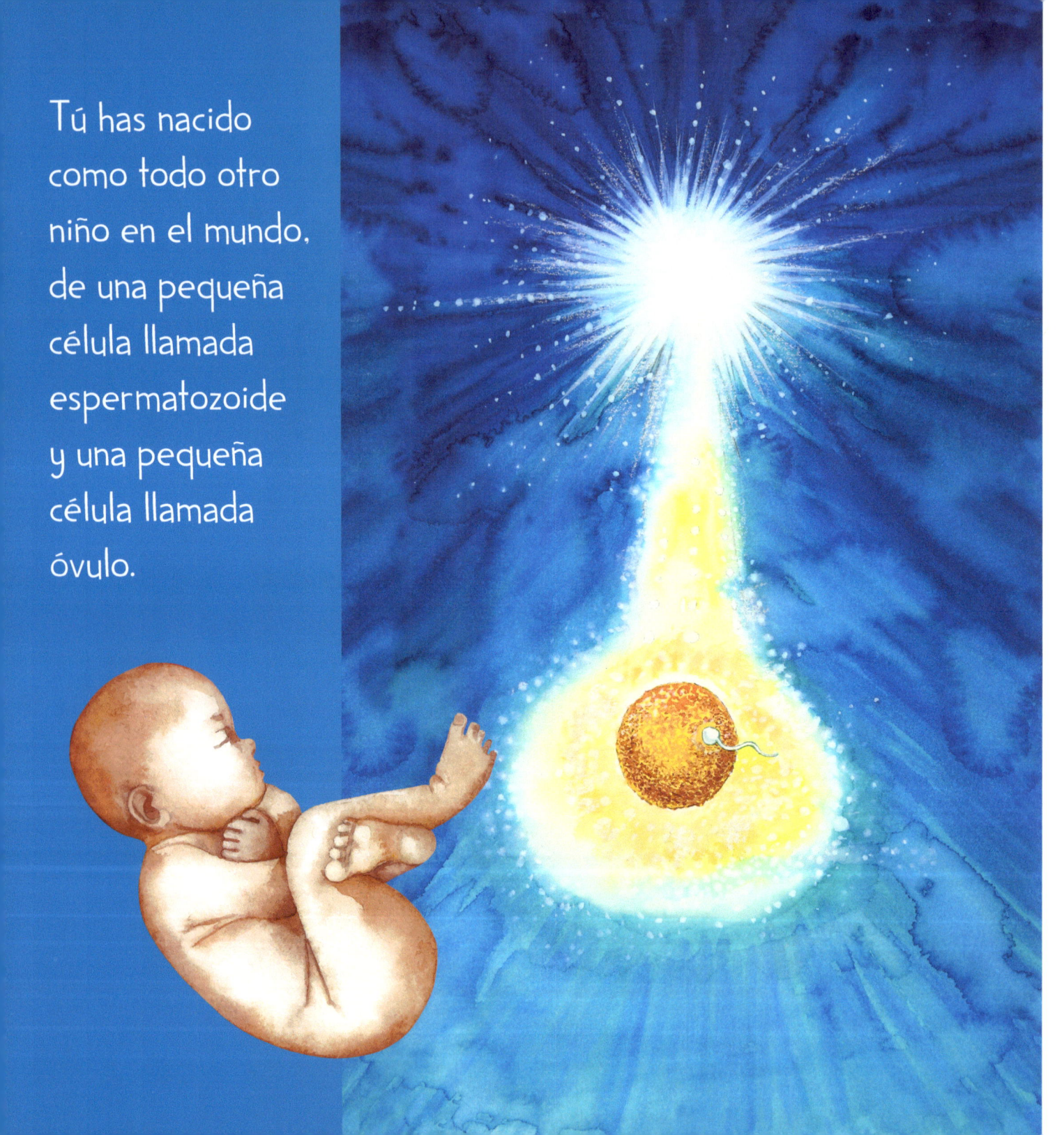

Has nacido del amor.

Hace muchos años tus padres desearon un bebé.

Para formar un bebé hay que tener ambas células, un espermatozoide y un óvulo. Tus padres fueron a una clínica para buscar la célula que les faltaba para crearte.

La persona que da el esperma o el óvulo a la clínica se llama donante, es una persona que ayuda a padres como los tuyos a tener los hijos que siempre soñaron tener.

DONANTE
OJOS MARRONES
CABELLO MARRÓN
1.75 METROS DE ALTURA
LE GUSTAN LOS PERROS

Al donante, algunos lo llaman padre biológico, que es diferente a los padres que te criaron y te cuidaron.

¡El encuentro entre el óvulo y el espermatozoide, fue el inicio de tu persona!

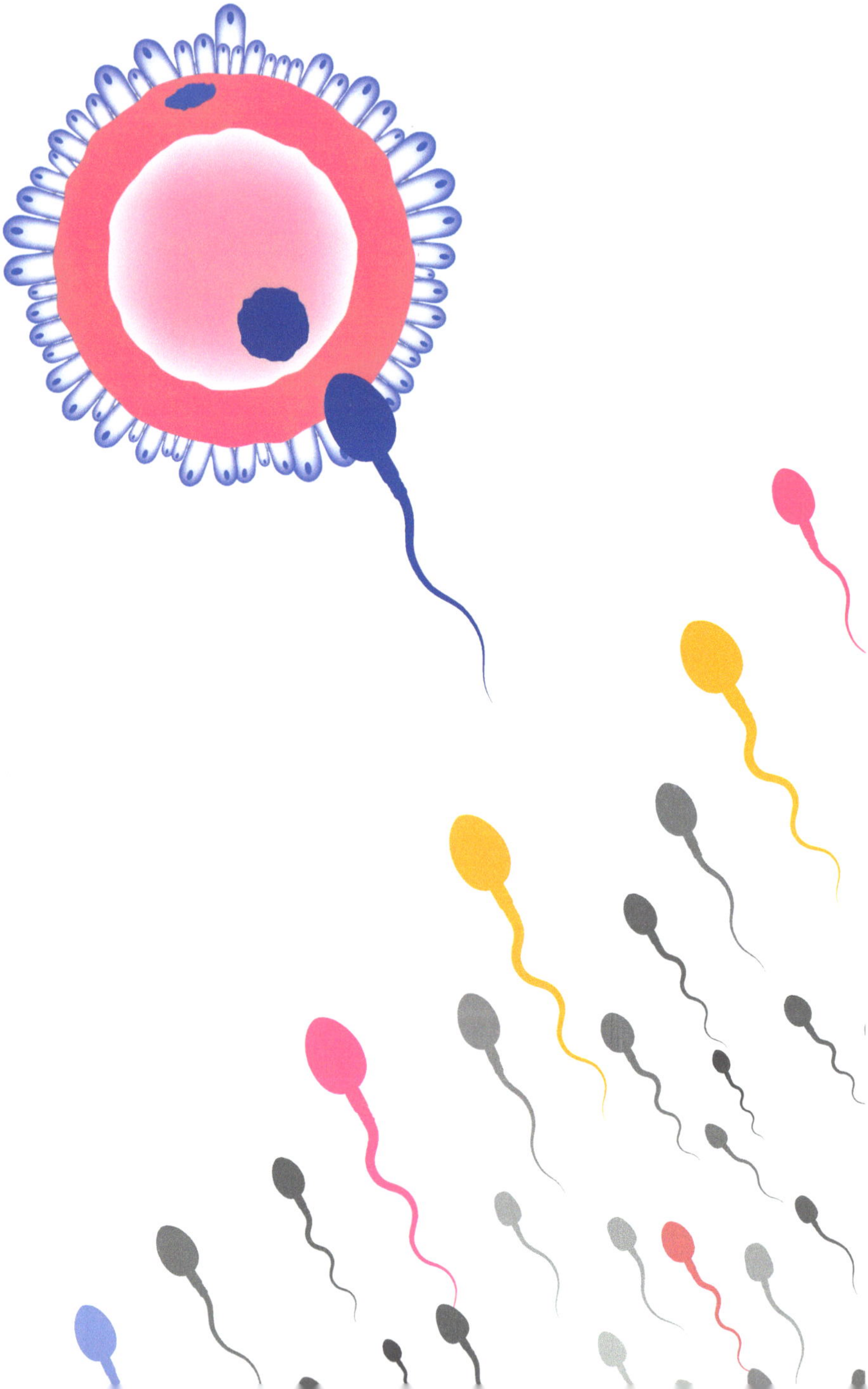

Tú eras tan chiquito al comienzo, no más grande que la peca más pequeñita. Después de un mes tenías sólo el tamaño de un grano de arroz.

PEGAR AQUÍ UN GRANO DE ARROZ PARA VER LO PEQUEÑO QUE ERAS AL MES.

Después de 9 meses llegaste al mundo como un perfecto y hermoso bebé.
¡Toda tu familia festejó!

DONANTE
OJOS MARRONES,
CABELLO MARRÓN
1.75 METROS DE
ALTURA
LE GUSTAN
LOS PERROS

Como los donantes también dieron a otras familias las células que necesitaban para tener un bebé, algunas recibieron células del mismo donante que tus padres.

¡Eso quiere decir que puede haber otros chicos que fueron concebidos como tú! A los hijos de las otras familias que recurrieron al mismo donante, podrías llamarlos medio-hermanos o hermanos por donante.

ENRIQUE

SHEILA

BIANCA

RYAN

GRACIELA

JUAN

DOS MAMÁS

DOS PAPÁS

UNA MAMÁ

MAMÁ Y PAPÁ

UN PAPÁ

Hay muchos tipos de familias. Algunos de tus medio hermanos podrán tener una mamá o un papá, o dos mamás, o una mamá y un papá, o dos papás.

Las familias están conectadas por el amor, y algunas también por la biología. ¿Cómo es tu familia? ¿Tienes hermanos y hermanas que están creciendo contigo?

 ¿CUÁL ES LA HISTORIA DE TUS HERMANOS Y HERMANAS?

Algunos chicos realmente quieren encontrarse con sus hermanos por donante, y también a la persona que dio el óvulo o el espermatozoide, porque todos comparten partes muy especiales de ellos mismos.

Puede ser que compartan el amor por los perros, o les guste tocar el piano, o sean buenos jugando al fútbol, o tengan hermosos ojos marrones, o les encante la matemática, o sus graciosas orejas sean parecidas. Los medio hermanos pueden compartir muchas cosas únicas y especiales entre ellos.

¿A alguien le gustan los bichos?

OJOS MARRONES

$37 \times 37 = 1369$

OREJAS GRACIOSAS

¿Qué cosas supones que compartes con tu donante y tus medio hermanos?

¿QUÉ SUPONES QUE COMPARTES?

Algunos chicos son muy curiosos y otros solo un poquito. ¿Cómo eres tú? ¿Te gustaría mandarles un mensaje? ¿Hablar por teléfono? ¿Ver una foto? ¿Te gustaría conocer a tu donante o tus medio hermanos algún día?

MENSAJE DE DSR
EMAIL
FOTO   CELULAR
CARTA

Si tus hermanos por donante viven cerca podrías verlos todas las veces que quieras. Pero a veces viven muy lejos, entonces encontrarse sería una ocasión muy especial.

Se podrían encontrar en tu casa, en el parque o en la playa o también organizar una fiesta!

LISTA DE LUGARES:
_____
_____
_____
_____
_____

¿Dónde te gustaría encontrarte con tus medio hermanos?

Tu donante también puede tener su propia familia, y adivina qué... a los hijos de tu donante también los podrías llamar tus medio hermanos.

Vos podrías tener uno o dos o tal vez un montón de medio hermanos para conocer. ¿Cómo te hace sentir esto?

¿Qué te gustaría que tu donante o tus medio hermanos supieran de ti?

SOBRE MI

MI PELÍCULA FAVORITA

....

MIS PASATIEMPOS

....

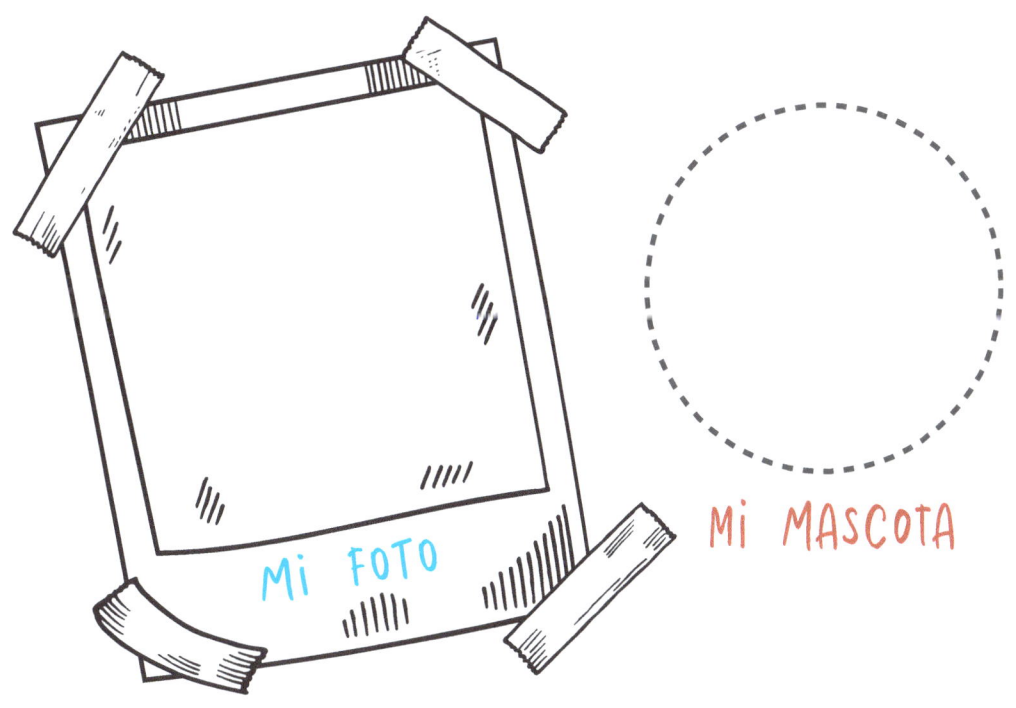

Mi FOTO

Mi MASCOTA

COSAS EN LAS QUE SOY BUENO

MÚSICA PREFERIDA

ANIMALES QUE ME GUSTAN

LOS DEPORTES QUE PRACTICO

MI MEJOR AMIGO O AMIGA ....

Esta es una página para tus medio hermanos y hermanas.

MIS MEDIO HERMANOS Y HERMANAS

LOS CONOCÍ ☐   NO LOS CONOCÍ ☐
ME GUSTARÍA SABER

....
....
....

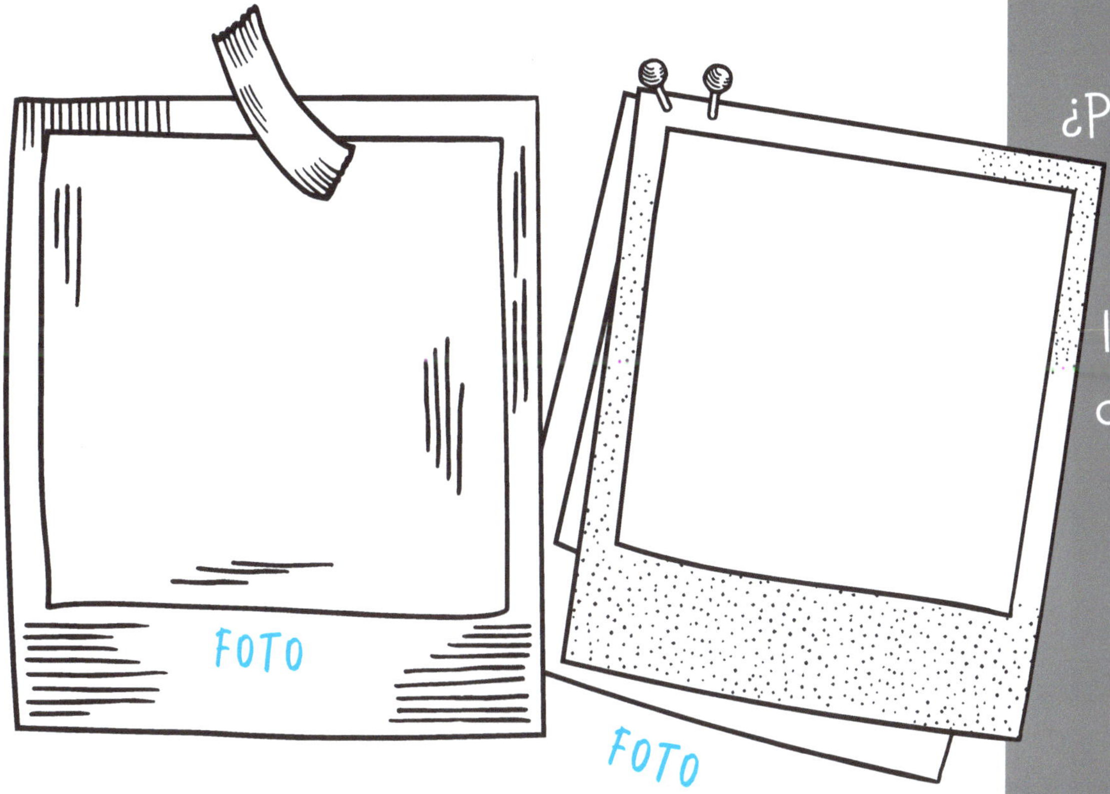

¿Puedes hacer una lista de todo lo que sabes de ellos y de todas las cosas que te dan curiosidad?

FOTO

FOTO

FUIMOS A ....

QUEREMOS IR A ....

LOS PLANES QUE QUEREMOS HACER

....

SUS NOMBRES ....

DIBUJA COMO IMAGINAS QUE ES TU DONANTE

MI DONANTE:

NÚMERO DE DONANTE ....

NOMBRE DEL BANCO O CLÍNICA

....

NOMBRE DE MI DONANTE ....

Puedes hacer una lista de todas las cosas que sabes de tu donante y las cosas que te dan curiosidad.

Esta es una página para tu familia.

YO AMO A MI FAMILIA PORQUE

....

....

....

SOBRE MI FAMILIA

HERMANOS ....

HERMANAS ....

CÓMO LLAMO A MI MAMÁ ....

MI PAPÁ .... MIS PAPÁS ....

O MIS MAMÁS ....

FOTOS Y DIBUJOS DE MI FAMILIA

(Registro de hermanos por donante)

The Donor Sibling Registry

Educa, conecta y apoya a las familias port donante

Tu familia: la historia de un niño nacido por donante **Fue esponsoreado por Donor Sibling Registry (DSR) (Registro de hermanos por donante). Educa, conecta y apoya a las familias por donante**

DSR fue fundada en el año 2000 para ayudar a las personas concebidas como resultado de una donación de esperma, óvulos o embriones que están buscando hacer contacto mutuo con otras personas con quienes comparten lazos genéticos. Sin ninguna ayuda externa DSR fue pionera en la discusión internacional sobre la concepción por donante - entre quienes la proveen y las familias -, a través de sus investigaciones, apariciones en los medios de prensa, conferencias y entrevistas. DSR defiende el derecho de las personas concebidas por donación a la honestidad y la transparencia, promueve la aceptación social, los derechos y valores de la diversidad familiar. El valor crucial de DSR es la honestidad, con la convicción de que la gente tiene el derecho fundamental a tener información sobre su origen biológico y su identidad.

Los padres a veces no están preparados para la curiosidad y el deseo de sus hijos de saber más sobre sus antecedentes genéticos. Para salir del secreto y la vergüenza que por tanto tiempo ha rodeado a la donación, DSR continuará educando a los padres y al público en general sobre la importancia de respetar y apoyar el deseo natural de los hijos de saber sobre su identidad. DSR asegura además que las personas concebidas por donación tengan un lugar seguro para buscar sobre su identidad biológica, y hacer las conexiones con sus medio hermanos y, en lo posible, con sus donantes también.

Encontrando nuestras familias: el primer libro para personas concebidas por donante y sus familias.

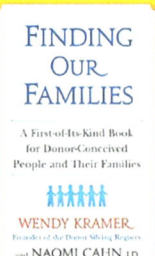

Millones de personas nacieron con la ayuda de donantes de esperma o de óvulos, incluidas Wendy Kramer y su hijo. Al darse cuenta de las preocupaciones especiales de ser padre de una persona concebida por donación, Kramer lanzó lo que se convertiría en la red de datos más grande del mundo para conectar a personas concebidas por donante, la DSR. Encontrando nuestras familias ofrece apoyo adicional a esta creciente comunidad. Con calidez y comprensión los autores realizaron una amplia encuesta para identificar las distintas situaciones que enfrentan las familias a lo largo de la crianza de un hijo concebido por donación, incluida la búsqueda del donante, medio-hermanos y como forjar una saludable autoimagen.

"El libro cumple exitosamente su promesa de ofrecer las herramientas necesarias para ayudar a los chicos concebidos por donante a descubrir y explorar su legado genético." **- 10/13 Publisher's Weekly review**

www.ingramcontent.com/pod-product-compliance
Lightning Source LLC
Chambersburg PA
CBHW042142290426

44110CB00002B/85